BARTART

Producto oficial del Futbol Club Barcelona

© FC Barcelona, 2025

© Miki Noëlle, 2025

© Editorial Planeta, S.A., 2025
Lunwerg es un sello editorial de la Editorial Planeta, S.A.
Diagonal, 662-664, 08034 Barcelona
Juan Ignacio Luca de Tena, 17, 28027 Madrid
lunwerg@lunwerg.com
www.lunwerg.com
www.instagram.com/lunwerg
www.x.com/Lunwerglibros
www.facebook.com/lunwerg

Creación y realización: Lunwerg, 2025

Primera edición: septiembre 2025
Depósito legal: B. 10.645-2025
ISBN: 979-13-87761-18-9
Impresión y encuadernación: Macrolibros
Printed in Spain - Impreso en España

PEFC Certificado
Este libro procede de bosques gestionados de forma sostenible
PEFC/14-38-00305   www.pefc.es

BARÇART

¡COLOREA A TUS ÍDOLOS!

MIKI NOËLLE

BarçArt: colorea la historia

Desde que tengo memoria, el FC Barcelona ha formado parte de mi vida. Socio desde niño, iba al estadio de la mano de mi padre, con los ojos brillando ante cada jugada, cada gol, cada remontada mágica. Aquel ritual de ir al Spotify Camp Nou no era solo fútbol: era emoción en estado puro. Era pasión, era identidad.

Al mismo tiempo, el arte también empezó a latir fuerte en mí. Siempre me gustó dibujar. De pequeño no soltaba los lápices, obsesionado con Ronaldinho, intentando capturar su magia en papel. Sin darme cuenta, el dibujo se convirtió en mi forma de entender el mundo, de expresar lo que el fútbol me hacía sentir.

Hace unos años recuperé ese impulso y empecé a ilustrar los momentos que nos hacen vibrar como culés: goles eternos, celebraciones épicas, despedidas que nos marcaron. Primero en redes, luego en forma de murales y pegatinas por las calles de Barcelona. Quería que el arte culé saliera de las pantallas y se encontrara con la gente.

Y entonces pasó algo mágico: a finales de 2022, el club compartió una de mis ilustraciones —la despedida de Gerard Piqué— y ese gesto lo cambió todo. Sentí que mi arte podía emocionar, conectar, contar historias. Poco después, el Barça me invitó a mostrar mis dibujos a algunos jugadores. Fue un momento inolvidable que selló mi compromiso.

En agosto de 2024 decidí dar un paso más grande: crear algo único para celebrar los momentos más icónicos de la temporada 2024/2025.

Esta temporada, el Barça ha vuelto a emocionar. Con una nueva generación que ilusiona, veteranos que siguen marcando el camino, un entrenador como Hansi Flick —que ha sabido interpretar el ADN blaugrana— y una afición que nunca deja de creer… el fútbol se ha vivido con alegría, orgullo y la sensación de estar presenciando el inicio de algo enorme.

Este libro de colorear es mi forma de rendir homenaje a todo eso: un tributo a los 125 años del FC Barcelona, una ocasión única para recrear títulos, jugadas inolvidables y un fútbol excepcional que ha vuelto a enamorar al mundo. Cuarenta ilustraciones, cuarenta recuerdos que han quedado tatuados en nuestra memoria blaugrana.

Desde las promesas del futuro hasta los líderes de siempre, este Barça nos ha hecho soñar despiertos. Hoy celebramos el pasado, el presente y lo que está por venir… con arte, con corazón y con los colores más bonitos del mundo.

Ahora te toca a ti: colorea cada trazo, revive cada jugada y haz tuyo este viaje emocional. Porque este arte no es solo mío: es de todos los que soñamos en blaugrana.

BarçArt ya es tuyo. Colorea la historia. Dale vida a los recuerdos.
Y nunca dejes de soñar en blaugrana.

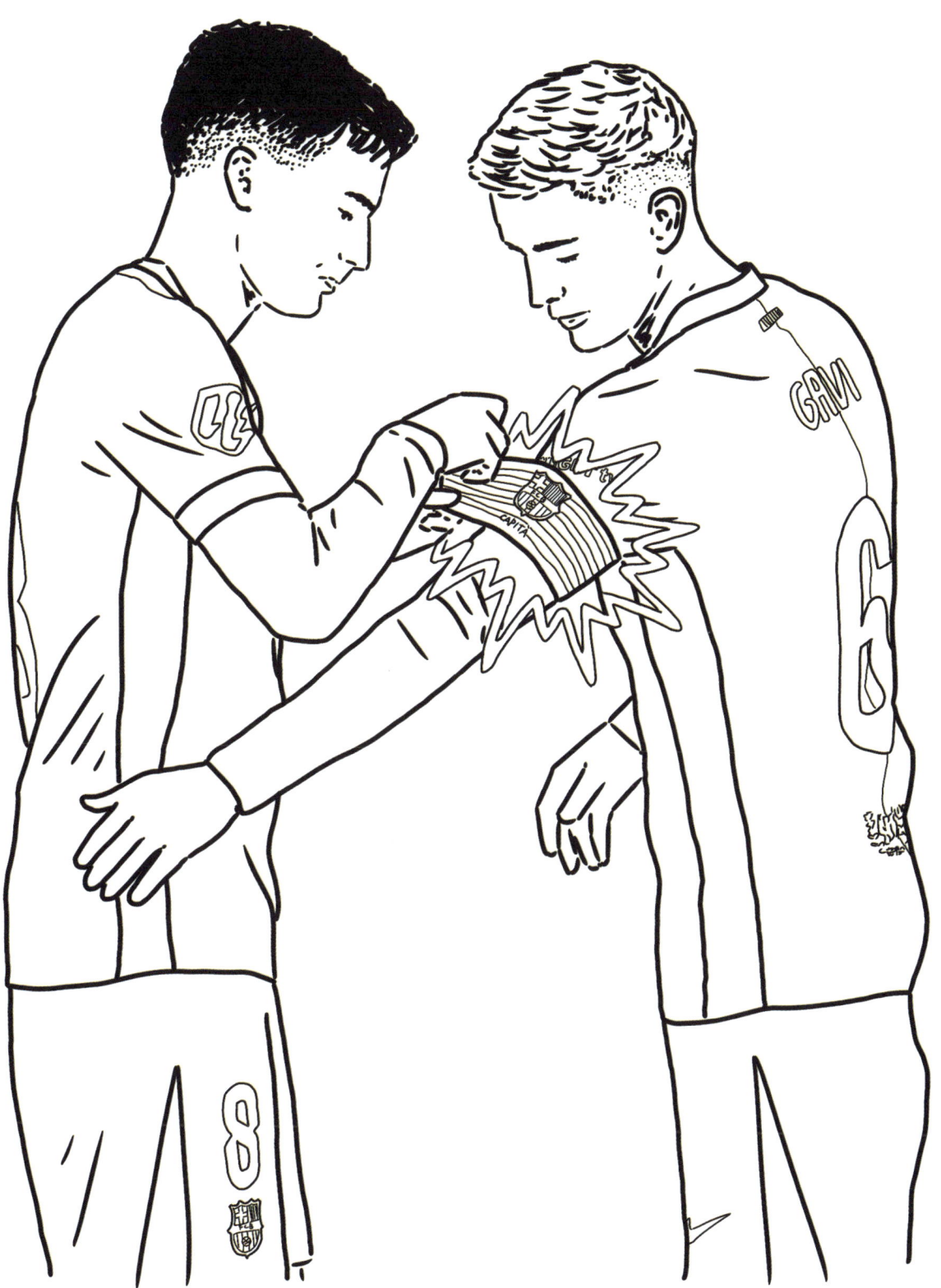

CLAUDIA ~~PINA~~ CRUYFF

CLAUDIA ~~PINA~~ CRUYFF

DE LA MASIA
AL MÓN

DE LA MASIA AL MÓN

L2

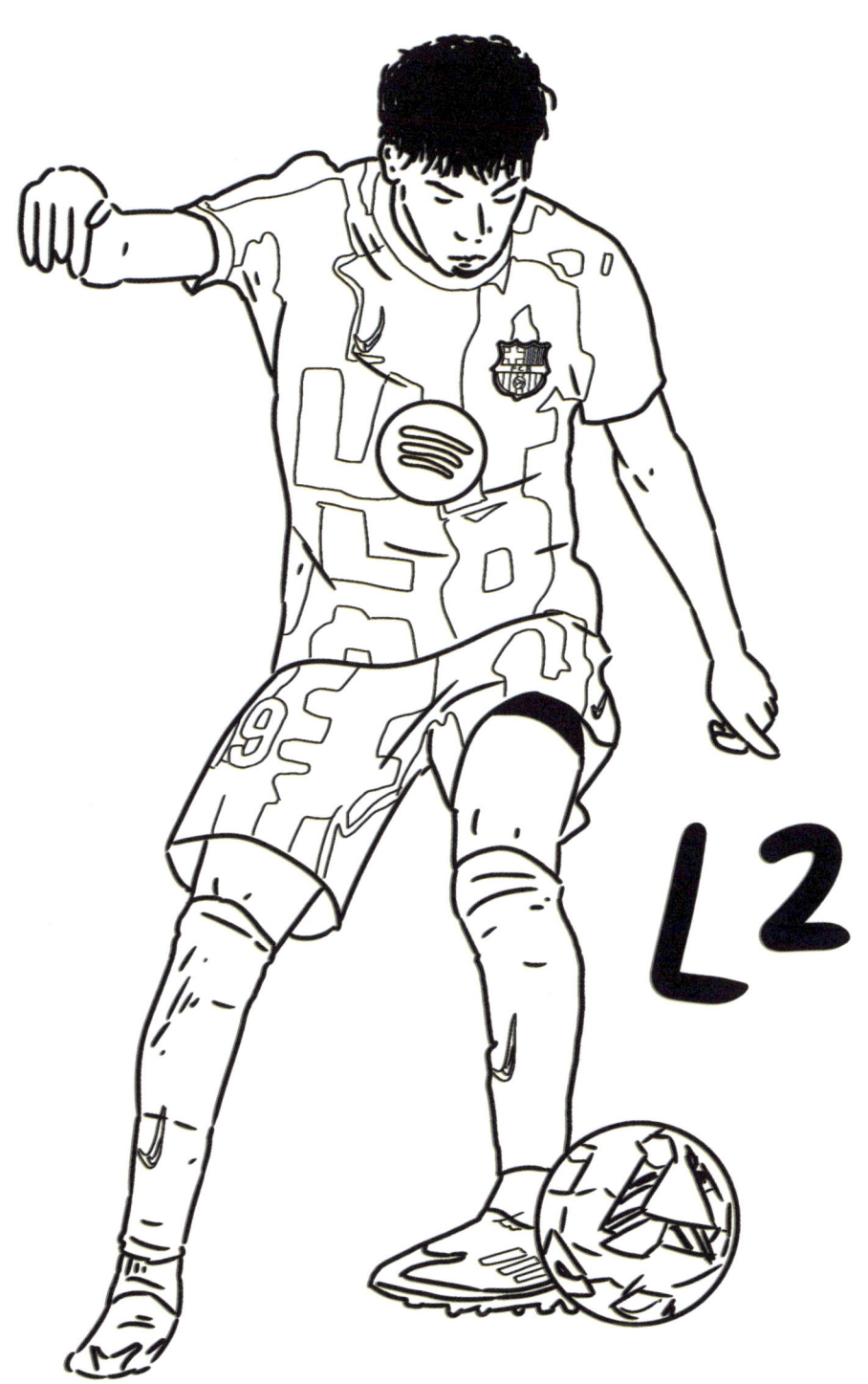

LOS MOMENTOS

p. 8: Lamine Yamal celebrando tras marcar al Real Madrid en el Estadio Santiago Bernabéu, el 26 de octubre de 2024.

p. 10: Pedri volando con una escoba mágica, al más puro estilo Harry Potter jugando a Quidditch, tratando de alcanzar la snitch dorada.

p. 12: Raphinha celebrando tras marcar un 'hat-trick' ante el Bayern de Múnich, el 23 de octubre de 2024.

p. 14: Íñigo Martínez vestido de guerrero, tras su mejor temporada con la camiseta del FC Barcelona.

p. 16: Aitana Bonmatí haciendo malabarismos con su segundo Balón de Oro, conseguido en 2024.

p. 18: Frenkie de Jong jugando ante el Celta de Vigo, el 19 de abril de 2025.

p. 20: Alejandro Balde celebrando tras marcar un gol crucial en la final de la Supercopa de España ante el Real Madrid, el 12 de enero de 2025.

p. 22: Alexia Putellas con una corona de reina tras hacer un partidazo en semifinales de Champions ante el Chelsea, el 20 de abril de 2025.

p. 24: Jules Koundé celebrando vestido de rey tras marcar el 3-2 en la final de la Copa del Rey disputada en el Estadio de La Cartuja ante el Real Madrid, el 26 de abril de 2025.

p. 26: Pedri dándole el brazalete de capitán a Gavi al entrar al campo después de su larga lesión, momento muy emotivo en el partido ante el Sevilla, el 20 de octubre de 2024.

p. 28: Wojciech Szczęsny sacando humo por la boca en forma de «0» tras encajar 0 goles en varios partidos y mantenerse invicto durante 22 partidos en 2025.

p. 30: Dani Olmo celebrando tras marcar dos goles ante el RCD Espanyol, el 3 de noviembre de 2024.

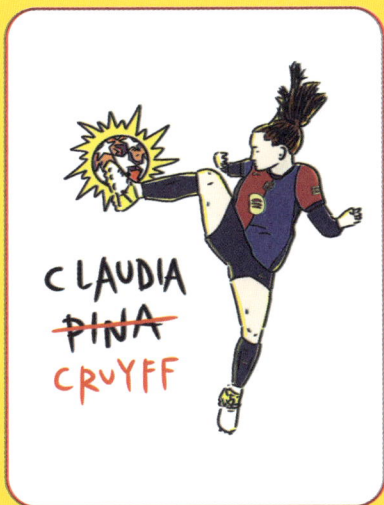

p. 32: Claudia Pina rematando un golazo calcado al mítico gol de Johan Cruyff (1973) ante el SKN St. Pölten, el 12 de noviembre de 2024.

p. 34: Eric García celebrando tras marcar un gol muy importante de cabeza ante el Real Madrid, el 11 de mayo de 2025.

p. 36: Marc Casadó besándose el escudo tras marcar su primer gol oficial con la camiseta del FC Barcelona ante la Real Sociedad, el 2 de marzo de 2025.

p. 38: Lamine Yamal y Raphinha bailando juntos tras marcar 7 goles ante el Valladolid, el 31 de agosto de 2024.

p. 40: Ona Batlle chutando la pelota con la corona de reina.

p. 42: Ferrán Torres (el Tiburón) y Lamine Yamal celebrando el gol que hizo Ferrán ante el Borussia Dortmund, el 11 de diciembre de 2024.

p. 44: El pichichi del Barça, Robert Lewandowski, siendo «Robot Lewandowski» con su clásica celebración.

p. 46: Alexia y Aitana celebrando con sus dos Balones de Oro, emulando su mítica celebración juntas en la final de la UEFA Women's Champions League de Bilbao 2024, el 25 de mayo de 2024.

p. 48: Marc-André Ter Stegen, capitán y portero del FC Barcelona.

p. 50: Hansi Flick con una espada láser, listo para proteger al FC Barcelona.

p. 52: Lamine Yamal celebrando después de marcar un gol muy importante ante el Real Madrid en El Clásico de Liga, jugado el 11 de mayo de 2025.

p. 54: Fermín López, al estilo Terminator, tras completar la mejor temporada de su carrera.

p. 56: Patri Guijarro celebrando tras marcar dos golazos espectaculares ante el Real Madrid, el 16 de noviembre de 2024.

p. 58: Gavi celebrando un gol enseñando el escudo del FC Barcelona.

p. 60: Lamine Yamal y Dani Olmo celebrando juntos después de que Dani marcara su primer gol oficial con la camiseta del FC Barcelona ante el Rayo Vallecano, el 27 de agosto de 2024.

p. 62: Lamine Yamal haciendo una trivela espectacular que parece salida de un videojuego ante el RCD Mallorca, el 3 de diciembre de 2024.

p. 64: Salma Paralluelo celebrando un golazo que marcó de tacón ante el Atlético de Madrid, el 13 de abril de 2025.

p. 66: Lamine Yamal y Pau Cubarsí hablando juntos mientras están en el campo.

p. 68: Pedri vestido de superhéroe, emulando al clásico personaje de los cómics *Capitán América*, pero en este caso siendo el Capitán Barça.

p. 70: Las jugadoras del FC Barcelona —Salma Paralluelo, Claudia Pina, Esmee Brugts, Patri Guijarro, Alexia Putellas y Ona Batlle— celebrando la victoria en semifinales de Champions League ante el Chelsea, el 20 de abril de 2025.

p. 72: Pasado y presente: Andrés Iniesta y Pedri abrazados de espaldas, caminando juntos. Los dos magos del Barça que llevan el dorsal 8.

p. 74: Lamine Yamal y Jules Koundé celebrando tras marcar un gol ante el Real Betis, el 15 de enero de 2025.

p. 76: Aitana Bonmatí celebrando tras marcar su gol número 100 con la camiseta del FC Barcelona ante el Atlético de Madrid, el 20 de noviembre de 2024.

p. 78: Raphinha celebrando junto a Lamine Yamal, limpiándole las botas después de marcar un golazo ante el Benfica en Montjuïc, el 11 de marzo de 2025.

p. 80: Lamine Yamal, en su partido número 100 con la camiseta del FC Barcelona, celebrando tras marcar un gol en semifinales de Champions League ante el Inter de Milán, el 30 de abril de 2025.

p. 82: El tridente del FC Barcelona —Robert Lewandowski, Raphinha y Lamine Yamal— celebrando al estilo de la MSN (Messi, Suárez, Neymar).

p. 84: Lamine Yamal sentado en el trono después de ganar la final de la Copa del Rey, el 26 de abril de 2025.

p. 86: Lamine Yamal y Hansi Flick celebrando juntos el título de La Liga conseguido en la temporada 2024-2025.